Vente des 19 et 20 Mai 1870

OBJETS D'ART

ARRIVANT DE L'ÉTRANGER

Meubles, Faïences, Porcelaines, Dorures
Bois sculptés

TABLEAUX ANCIENS

ÉTOFFES, TAPISSERIES

EXPOSITION PUBLIQUE : le Mercredi 18 Mai 1870

Mᵉ **EUGÈNE ESCRIBE** | **MM. DHIOS ET GEORGE**
COMMISSAIRE-PRISEUR | EXPERTS

PARIS — 1870

RENOU ET MAULDE

IMPRIMEURS DE LA COMPAGNIE DES COMMISSAIRES-PRISEURS

Rue de Rivoli, 144.

CATALOGUE

D'OBJETS D'ART

ARRIVANT DE L'ÉTRANGER

Meubles incrustés d'ivoire, en certosina et en marqueterie, **200 pièces** en faïence italienne, anciennes **Porcelaines de la Chine**, beau Service à mandarins, Potiches, **Bois sculptés**, Dorures, boiseries Louis XVI, Lustres en bronze doré, époque Louis XV, **Tableaux** anciens, **Tapisseries** des Flandres, Étoffes Louis XV, Curiosités diverses.

DONT LA VENTE AUX ENCHÈRES PUBLIQUES AURA LIEU

HOTEL DROUOT

SALLE N° 1

Les Jeudi 19 et Vendredi 20 Mai 1870

A DEUX HEURES

Par le ministère de M⁰ **Eugène ESCRIBE**, Commissaire-Priseur,
rue de Hanovre, 6,

Assisté de **MM. DHIOS** et **GEORGE**, Experts, rue Le Peletier, 33.

EXPOSITION PUBLIQUE

Le Mercredi 18 Mai 1870, de une heure à cinq heures

PARIS

IMPRIMERIE RENOU ET MAULDE

Rue de Rivoli, 144

—

1870

CONDITIONS DE LA VENTE

———

Elle sera faite au comptant.

Les Acquéreurs paieront CINQ CENTIMES PAR FRANC, en sus des enchères, applicables aux frais de vente.

MEUBLES INCRUSTÉS D'IVOIRE

1 — Joli Cabinet italien, surmonté d'un fronton cintré et d'une galerie à balustre; les tiroirs sont ornés de plaques d'ivoire finement gravées, représentant les misères et les malheurs de la guerre, d'après Callot. Au centre, est une porte à colonnes torses, décorée de deux personnages en costume Louis XIII, conduits par l'Amour. Ce meuble est placé sur sa table-console.

2 — Beau Meuble à deux corps, à portes pleines. La porte supérieure, couronnée par un fronton, est ornée, sur les côtés, de colonnes à bases et chapiteaux en ivoire. Ce meuble est enrichi de fines incrustations d'ivoire et les quatre portes sont décorées de figures allégoriques : la Peinture et la Poésie et d'Amours placés sous des portiques.

3 — Autre Meuble analogue au précédent.

4 — Bureau-Cabinet à douze tiroirs et portes à colonnettes au centre, enrichi d'incrustations d'ivoire, arabesques et rinceaux, et de plaques gravées représentant Apollon et les Muses, des chasses et des portraits. La porte centrale est ornée d'une figure de monarque. Ce meuble repose sur quatre pieds à entre-jambes.

5 — Autre Bureau-Cabinet analogue au précédent.

6 — Deux Meubles vitrines à tiroirs dans le haut; ils
sont ornés d'arabesques, animaux chimériques,
rinceaux.

8-9 — Deux Meubles vitrines analogues aux précédents.

10 — Joli Cabinet avec porte à deux ventaux, posé sur sa
table-console; l'intérieur est à tiroirs et porte
ornée d'une plaque gravée : Diane chasse-
resse.

11 — Petit Meuble étagère à deux corps couronné par un
fronton. La partie basse, ornée de colonnettes,
est à portes vitrées. La partie supérieure est décorée d'une figurine de danseuse en ivoire
gravé.

12 — Autre Meuble à deux corps, analogue au précédent.

13 — Petit Cabinet à porte abattante, intérieur à dix tiroirs, d'une riche ornementation à rinceaux,
têtes de macarons et animaux. Ce petit meuble
est placé sur sa table-console.

14 — Deux Fauteuils à X; les dossiers sont ornés de personnages en costumes Louis XIII, de rosaces et
de frises à rinceaux, cariatides et vases.

15 — Deux autres Fauteuils semblables aux précédents.

16 — Une Glace à fronton, ornée de très-belles frises
d'incrustation d'ivoire, dans le style Raphae-
lesque.

17 — Une Console de même ornementation.

18 — Très-joli Bureau-Cabinet; portes et tiroirs enrichis
de fines incrustations d'ivoire. Les portes sont
ornées de colonnettes à chapiteaux et vases en
bronze doré.

19 — Grande Table de milieu, couverte d'incrustations. Le dessus est orné au centre d'une grande plaque gravée représentant le Triomphe d'Amphitrite.

20 — Autre Table semblable.

21 — Six Chaises ornées d'incrustations d'ivoire, médaillons, rinceaux, cariatides et animaux chimériques. Les montants du dossier sont en forme de colonnes torses.

22 — Meuble à deux corps. La partie supérieure, couronnée par un fronton, est à porte vitrée ; le milieu forme bureau au moyen d'une porte abattante ornée d'une plaque gravée représentant Vénus sur les ondes ; la partie basse est à étagère.

23 — Table à quatre faces et à deux tiroirs. Le dessus est décoré d'une plaque d'ivoire gravée représentant Saturne, de frises à rinceaux et de filets entre-croisés.

24 — Autre Table analogue à la précédente, avec plaque gravée représentant Jupiter.

25 — Cabinet italien s'ouvrant à deux ventaux, décorés de personnages d'après l'antique. A l'intérieur, se trouve une porte entourée de tiroirs ornés d'arabesques en ivoire.

Ce petit meuble repose sur sa table-console.

26 — Cabinet italien reproduisant les motifs d'ornementation du précédent.

27 — Table de milieu ornée de trois plaques gravées : sujets mythologiques et d'arabesques, où se jouent de petits génies.

28 — Autre Table analogue à la précédente. Le dessus est décoré au centre d'une plaque gravée, représentant l'enfance de Bacchus.

29 — Huit Chaises à dossiers sculptés et montants à colonnes torses. Elles sont ornées d'incrustations d'ivoire.

30-31 — Deux Miroirs à frontons cintrés, avec encadrements ornés d'arabesques, de rosaces et de mascarons en ivoire.

32-33 — Deux autres semblables.

34 — Petite Table à quatre faces avec pieds à balustres reliés par deux traverses en X. Le dessus est orné d'une plaque en ivoire gravé représentant Vénus et l'Amour.

35 — Autre Table analogue à la précédente avec plaques à figures mythologiques.

36 — Coffret à bijoux, à couvercle bombé, orné de frises à rinceaux et figurines d'Amours en inscrustations d'ivoire.

37 — Tables à quatre faces, marqueterie d'ivoire sur bois de noyer, dite certosina, pieds à jour, modèle balustre.

38 — Autre Table du même modèle.

39 — Six Escabeaux en marqueterie, de certosina, ornementation à grandes et petites rosaces.

40 — Six autres à dossiers ovales.

MEUBLES EN MARQUETERIE DE BOIS

41 — Très-joli Secrétaire en marqueterie de bois de couleurs variées, médaillons à rosaces représentant des corbeilles à bouquets de fleurs et des ornements à frises et feuillages.

42 — Commode palissandre et bois rose, médaillon représentant Pâris et Hélène. Frise à portraits, dessus marqueté avec rosace au centre.

43 — Table de nuit de même ornementation. Dessus à vase.

44 — Petite Table à jeu en bois de noyer et marqueterie de bois de couleurs variées. Au centre, une rosace à rinceaux.

45 — Commode-Bureau en bois de noyer, palissandre et bois rose. Au centre de la porte à abattant, un médaillon ovale représentant Hébé.

46 — Table-Bureau plat en bois de noyer et marqueterie. Au centre, une rosace.

47 — Commode en marqueterie de bois, ornée d'un médaillon, représentant un poëte inspiré par l'Amour. Ornements à rinceaux et frises alternés de lièvres courants, aigles et portraits; dessus marqueté.

48 — Table de nuit en marqueterie de bois. Ornementation à rinceaux, dessus en marbre.

49 — Autre Table de nuit semblable.

50 — Commode à porte s'abattant, en palissandre et noyer, marqueterie à vase et rinceaux, et encadrement d'ornements variés. Dessus à rosace.

51 — Autre Commode semblable à la précédente.

52 — Table de nuit en marqueterie de bois, rinceaux et cariatides. Dessus en marbre.

53 — Table de toilette en palissandre et bois rose. Dessus à médaillons, frise à portraits et vases.

54 — Commode-Bureau, époque Louis XV, en racine de noyer. Ornements à filets marquetés.

55 — Commode en bois des îles, de couleurs variées, décorée d'un médaillon, jeux d'Amours placés entre deux rinceaux. Dessus marqueté.

56 — Petite Table de nuit, forme ronde, en marqueterie de bois, époque Louis XV.

57 — Petit Bureau de dame en bois de noyer et bois rose. Ornementation en marqueterie de bois, pieds cannelés.

58 — Commode palissandre, bois rose et noyer, marqueterie à rosace et rinceaux.

59 — Table de nuit en marqueterie de bois. La porte est ornée d'un vase, forme cassolette, et de frises à feuillages, époque Louis XVI.

60 — Autre Table de nuit, de même époque et de même travail.

61 — Petit Cabinet en racine de noyer, à porte à abattant, avec tiroirs intérieurs, et porte ornée d'une figurine d'Amour en bois sculpté, écoinçons et verrou en fer doré.

62 — Grande et belle Pendule en ébène, de forme monumentale, époque Louis XIII.

63 — Petit Meuble à deux corps en bois de noyer, garni d'ornements d'appliques en bronze et de moulures en bois noirci, époque Louis XV.

64 — Meuble à deux corps en marqueterie de bois. La partie supérieure est à deux portes recouvrant des tiroirs intérieurs; la partie basse forme commode.

65 — Bahut en noyer et filets de marqueterie, placé sur une table à pieds tors et couronné d'un fronton sculpté.

65 *bis* — Jolie petite Table à ouvrage en marqueterie de . Maggiolini. Riche ornementation.

BOIS SCULPTÉS, DORURES

66 — Deux Boiseries de salon en bois sculpté, peint et doré, avec glace et trumeaux peints, époque Louis XVI.

67 — Deux autres Boiseries en bois sculpté, peint et doré, ornements vases et guirlandes, époque Louis XVI.

68 — Très-belle Glace, à encadrement en bois sculpté et doré, d'une riche ornementation, surmontée d'un fronton à coquille. Joli modèle du temps de Louis XVI. Ce meuble repose sur sa table-console, de même époque, avec dessus en marbre bleu turquoise.

69 — Deux petits Guéridons, style Louis XVI, en bois sculpté, à trépieds ornés de têtes de béliers et de guirlandes de fleurs.

70 — Joli petit Miroir italien, cadre à enroulements en bois sculpté et doré, d'un travail très-délicat.

71 — Quatre beaux Encadrements de miroirs en bois sculpté, styles Louis XIV ; ils sont à figurines d'Amour, cariatides, baldaquin, enroulements, têtes de mascaron, etc.

72 — Grand et beau Cadre en bois sculpté et doré, à rinceaux et oiseaux en relief.

73 — Quatre Miroirs à encadrements en bois sculpté et doré, du temps de Louis XV.

74 — Deux Bénitiers en bois sculpté. Travail italien du temps de Louis XV.

75 — Six grands Escabeaux en bois de noyer sculpté, dossiers à armoiries et lions supportant une couronne. Les pieds sont formés par des Dauphins. —

76 — Joli petit Cadre orné de têtes de chérubins ; bois sculpté à jour et doré.

77 — Deux Miroirs avec encadrements sculptés, époque Louis XV.

78 — Bois sculptés. — Sous ce numéro plusieurs montants de meubles, panneaux, ornements d'appliques, cariatides, figurines d'Amours du temps de Louis XIII.

79 — Quatorze Cadres en poirier guilloché, époque Louis XIII.
Seront divisés sous ce numéro.

80 — Deux petits Miroirs avec encadrements en bois sculpté et doré, époque Louis XV.

OBJETS DIVERS

81 — Trois Potiches et un Cornet en ancienne porcelaine
de Chine, bleu lapis, avec rehauts d'or, médaillons et fleurs émaillées sur fond blanc.

Haut. 45 c. sans les couvercles.

82 — Très-beau Service en porcelaine de vieux Chine,
décor à mandarin ; il se compose de 68 pièces :

47 assiettes.
6 grands compotiers.
9 moins grands.
6 petits.

83 — Sous ce numéro, environ 200 pièces de faïences
italiennes des fabriques de Savone, Milan, Pesaro,
Venise, etc., grands et beaux plats à sujets, décorés en camaïeu bleu, aiguières, écuelles à
couvercles, cornets, vases de différentes formes,
jardinières, baril, etc.

84 — Cinq Lustres, de différentes dimensions, en bronze
doré et cristaux, époque Louis XV.

85 — Sous ce numéro plusieurs ouvrages, des assiettes
en Chine et divers objets.

86 — Couvre-lits et coupons d'étoffes en damas de soie
brodée du temps de Louis XV.

87 — Une grande Tapisserie Louis XIII des Flandres, représentant une scène historique. Bordures à colonnes torses, fruits et attributs royaux.

H. 4 m. 35 c. L. 3 m. 60 c.

88 — Une autre, de même époque, sujet d'histoire et même bordure.

H. 4 m. 35 c. L. 2 m. 80 c.

89 — Une autre, sujet allégorique.

H. 4 m. 50 c. L. 1 m. 70 c.

TABLEAUX

VAN LOO

90 — Portrait du duc du Maine.

Il est représenté en costume de guerre, et indiquant du doigt la bataille que l'on aperçoit dans le fond.

BLOCKIE (Signé H.)

91 — L'Attaque des voyageurs.

92 — Pâtres et Bestiaux auprès de ruines.

Pendant du précédent.

93 — Le Maréchal-Ferrant.

SAGEMOL (Signé M.)

94 — Dames et Seigneurs hollandais réunis autour d'une table.

Peinture sur cuivre.

SAGEMOL (Signé M.)

95 — Le Concert.

96 — La Partie de trictrac.

ÉCOLE HOLLANDAISE

97 — Pâtre conduisant des bestiaux.

98 — Les Muletiers.

99 — Bœufs au bord d'une rivière.

ÉCOLE HOLLANDAISE

100 — La Partie de trictrac.

101 — Partie de cartes à l'entrée d'une habitation.

102 — Pan et Syrinx.

MALTAIS (Chevalier)

103 — Instruments de musique, livres, statuettes, etc.
Deux pendants.

ÉCOLE ITALIENNE

104 — Deux Tableaux : Judith et saint Jérôme. Encadrements à fronton sculpté.

ÉCOLE ITALIENNE

105 — Portrait de femme en costume Louis XIII.

ÉCOLE VÉNITIENNE

106 — Portrait d'une dame de distinction représentée
assise devant une table où l'on voit divers objets.

PORBUS (École de)

107 — Portrait d'un jeune garçon représenté debout, de
grandeur naturelle, dans un élégant costume du
XVIe siècle.

108 — Portrait d'une dame, à mi-jambes, vêtement noir,
col et manchettes en guipure.

ÉCOLE HOLLANDAISE

109 — Petite Chambre d'optique représentant l'intérieur
d'une pièce hollandaise.

———

110 — Les Objets omis.

RENOU et MAULDE, imprimeurs de la Compagnie des Commissaires-Priseurs,
rue de Rivoli, 144.   4783

Table de marais — 46 - 78
— 46 - 84

500 — 688
— 804
— 407
313
180
175

12 — 720

2 — 140
2 — 142
2 — 146
1 — 230
2 —
—1 cuivre [illegible] — 13 —
—1 [illegible] chine — 21 —
—1 coffre à [illegible] — 28 —
—1 [illegible] — 2? —
—1 cuivre sculpté Louis XV — ? —
—1 coffre à ornement II — 30 —
—1 [illegible] — 30 —

www.ingramcontent.com/pod-product-compliance
Lightning Source LLC
LaVergne TN
LVHW020858200726
843508LV00003B/1229